GOD'S TORMENT

GOD'S TORMENT

by ALAIN BOSQUET

Translated
by EDOUARD RODITI

Ohio University Press   Athens

Ohio University Press, Athens, Ohio 45701
© 1994 by Alain Bosquet
French edition originally published by Gallimard in 1986.
Printed in the United States of America
All rights reserved

99 98 97 96 95 94   5 4 3 2 1

Ohio University Press books are printed on acid-free paper ∞

Library of Congress Cataloging-in-Publication Data

Bosquet, Alain, 1919–
    [Tourment de Dieu. English]
    God's torment / by Alain Bosquet ; translated by Edouard Roditi.
       p.   cm.
    ISBN 0-8214-1091-1
    1. Religious poetry, French—Translations into English.   2. God—
Poetry.   I. Roditi, Edouard.   II. Title.
PQ2603.0628T6813   1994
841'.912—dc20
                                                              94-11452
                                                                CIP

FOREWORD

I'm an atheist. God does tempt me, though I don't know whether He does so in my flesh, my spirit or my language. But I can't accept Him, even if as I reject Him I feel a kind of remorse. I don't believe I ought to try to believe, though I do ask myself the question. I think of God in the plural, to reassure myself that He's fragmented. I also put Him into words. He is that within me which can't be satisfied with the littleness of me. But I resist Him; I can create Him just to amuse myself — no, because I don't trust myself. He has to be always changing: by definition He defeats any attempt to pin Him down. Can someone who eschews prayer and dogma call himself an intermittent believer? But if I know my limits, my poems do not. They feed upon God as they might upon a plane tree or a stork. I'm an atheist hassled by belief.

A.B.

GOD'S TORMENT

Dieu dit:
«Voici plusieurs siècles, je crois,
   j'inventais la crinière.
   Voici plus de trente saisons,
   j'inventais le naseau,
   le paturon et le poitrail.
   Ils sont restés trop longtemps sans emploi.
   J'ai réussi ce soir à les souder,
   peut-être par erreur.
   Mais le cheval me plaît,
   là-bas où vont quelques nuages.
   Il m'aperçoit, il se met au galop,
   il veut brouter la jeune étoile.
   N'aie pas peur, mon cheval:
   je suis ton dieu.»

      . . .

Dieu dit:
«Je n'aime pas toujours ce que je crée.
   Par exemple, cet homme,
   je lui donne deux yeux, deux bras, deux jambes,
   ce qui est très pratique,
   mais tout à coup plus pingre,
   un seul squelette
   et un seul cœur
   comme si je craignais qu'il se tienne trop droit
   ou qu'il ait trop d'amour.
   L'homme, je ferais bien de le recommencer.»

      . . .

God says:
"Several centuries ago, I believe,
I invented the mane.
Some thirty seasons back,
I invented the nostril,
The pastern and the hoof.
They remained too long unemployed.
Tonight I managed to weld them together;
perhaps by mistake.
But the horse pleases me,
over there, by those few clouds.
He perceives me, starts galloping,
and tries to graze on the evening star.
Be not afraid, my horse:
I'm your god."

            .   .   .

God says:
"I don't always like what I create.
For instance, this man,
I give him two eyes, two arms, two legs,
which is quite practical,
and, suddenly more stingy,
only one skeleton
and one heart,
as if I were afraid he might stand too erect
or show too much love.
I should perhaps create man all over again."

            .   .   .

Dieu dit:
«Ayant créé le poumon, l'intestin,
l'engoulevent, la clématite,
le fleuve, le soleil qui bâille,
j'ai inventé quelques idées abstraites
et je les distribue.
La conscience, voyons, ira au marbre,
la mémoire au gazon,
le remords à l'étoile,
le doute par exemple au tigre.
Est-il quelqu'un pour m'avertir que je me trompe?»

.   .   .

Dieu dit:
«Mon univers, je vous l'accorde,
n'est pas parfait.
Je vous laisse le droit d'en inventer un autre.
Je suis si libéral
que j'imagine un second dieu,
plus efficace que moi-même.
Excusez-moi: je dois compléter une lune,
durcir un marbre
et dire ma confiance à l'oiseau-mouche.»

.   .   .

God says:
"Having created the lung, the intestine,
the owl, the daffodil,
the river, the yawning sun,
I invented a few abstract ideas,
and now I hand them around.
Conscience, let's see, I'll grant one to marble,
memory to the lawn,
regrets to the star,
and doubt, for instance, to the tiger.
Is there anyone to warn me that I am wrong?"

.   .   .

God says:
"My universe, I'll admit to you,
isn't perfect.
I grant you the right to invent another one.
I'm so generous
that I can imagine a second god,
more competent than myself.
Excuse me: I must put the last touches to a moon,
harden a marble
and express my faith in the hummingbird."

.   .   .

Dieu dit:
«Je n'aurai pas la force
d'assurer à moi seul le destin de ce monde.
C'est pourquoi, en cachette,
j'ai inventé un autre dieu,
que parfois j'interroge:
"Mon océan, tu ne crois pas
qu'il pourrait être moins mouillé?
Et mon platane, il ne ferait pas mieux
de galoper sur le gazon?
Mon homme, soyons justes,
ne mérite-t-il pas une ou deux ailes?"
Cet autre dieu
deviendrait-il mon concurrent?»

. . .

Dieu dit:
«J'ai mis au point un organe bizarre:
une éponge très rouge
qui se gonfle parfois ou s'aplatit,
en émettant un bruit sentimental;
c'est un poumon, je crois.
Je ne sais pas à qui l'attribuer:
au volcan, à l'étoile,
au chien qui ne sait pas courir,
à l'île solitaire,
battue par son écume.
J'ai décidé:
c'est la pierre d'abord qui aura son poumon.»

. . .

God says:
"I won't have the strength
to organize this world all by myself.
This is why I secretly
created a second god,
whom I sometimes consult.
'Don't you think
my one ocean might be too wet?
Wouldn't you prefer to see my tree
gamboling across the lawn?
And, to be fair,
doesn't man deserve a wing or two?'
But is this other god
becoming my rival?"

. . .

God says:
"I've devised a strange organ:
a very red sponge
that expands and contracts
with a sentimental sigh:
it is a lung, I believe.
I don't know where I should bestow it:
on the volcano, the star,
the dog that can't yet run,
the lonely island
beaten by the tides.
I've made up my mind;
for the lung, I'll grant priority to the stone."

. . .

Dieu, qui n'a pas de forme,
voudrait être ce soir
une feuille de chêne,
une île très précise,
un cristal très aigu.
Jaloux du hanneton,
il ne dit rien:
il se méfie
de sa divinité.

    . . .

«Je ne suis Dieu», dit Dieu,
«qu'à cause du mot *dieu,*
  auquel je rends hommage.
Je lui promets, pour mieux le mériter,
d'offrir à l'univers
  la force et la musique,
  la fable et le bonheur.»
«Je ne suis Dieu», dit Dieu,
«que pour montrer l'exemple,
  mais un seul mot est bien trop faible.
Je cherche un synonyme.»

    . . .

Dieu dit: «Entre moi-même et moi,
je sens qu'il manque
une manière de douceur;
c'est pourquoi j'improvise
un colibri, quelque rosée,
une île très légère,
un chant d'amour, un songe intermittent
où se promène un autre dieu.»

    . . .

God, who has no shape,
would like tonight
to be an oak leaf,
a very specific island,
a sharp crystal.
Jealous of the mayfly,
he says nothing:
he distrusts his own divinity.

    .   .   .

"I'm God," says God,
"only because of the word 'god,'
which I salute.
I promise, to be more worthy of it,
to offer the world
both strength and music,
both fable and bliss."
"I am God," says God,
"only to set an example,
but a single word is too weak.
I'm looking for a synonym."

    .   .   .

God says: "Between me and me,
I feel a kind of sweetness
is lacking:
and that's why I invent
a hummingbird, some dew,
a soft island,
a love song, an occasional dream
where another god goes for a walk."

    .   .   .

Dieu dit: «Moi, j'ai besoin de votre intelligence.
Cet univers, qu'en pensez-vous?
Le mois de mai
doit-il durer jusqu'en novembre?
Et le cheval, vous préférez
que je le fasse lent comme le bœuf?
Vous déplorez que la comète
ne vienne pas s'asseoir chez vous,
au repas de famille?
Pour ce qui est de l'âme,
vous la voulez tangible
comme l'avoine ou la colombe?
Je vous promets de corriger,
si je peux, tant d'erreurs.»

.   .   .

Dieu dit: «Si cela vous répugne,
vous n'avez pas à croire en moi,
mais je serais heureux
que vous trouviez du charme
à quelques créatures de mon cru:
le coquillage où dort une musique,
le platane qui pousse au-delà des étoiles,
la mer qui dit cent fois: "Je suis la mer."
Je suis très humble:
mon univers n'est pas plus beau
qu'un poème perdu.»

.   .   .

God says: "I need your intelligence.
What do you think of this world?
Should the month of May
last until November?
Would you be happier if I made
the horse as slow as the ox?
Are you sorry that the comet
never drops by in your home
for a family meal?
As for the soul,
do you want it as tangible
as hay or the dove?
I promise I will try
to correct all these mistakes."

.   .   .

God says: "If you find it distasteful,
you don't have to believe in me,
but I would appreciate
your finding some charm
in a few of my creatures:
the sea-shell where a music sleeps,
the tree that grows beyond the stars,
the sea that says a hundred times: 'I am the sea.'
I'm very humble:
my universe is no more beautiful
than a discarded poem."

.   .   .

Dieu dit:
«C'était un cas d'urgence;
je me suis demandé
à quoi servaient mes créatures
les plus bizarres:
le dragon, l'ange et la licorne.
J'ai convoqué ceux en qui je croyais,
réels, puissants, incontestables:
le baobab, le cheval de labour,
la montagne accoudée à la mer.
Ils ont tenu dix conférences
sans se mettre d'accord.
J'ai donc gardé
le dragon, l'ange et la licorne;
pour éviter quelques malentendus,
j'ai cru bon cependant de les rendre invisibles.»

. . .

«Je n'ose pas», dit Dieu,
«vous engager à croire en moi.
Pour un avis sérieux,
adressez-vous à la rosée,
à la belette, au petit vent du sud.
Pesez le pour, le contre et le peut-être.
Je pense aussi que le caillou,
la presqu'île et l'aurore
vous donneraient de bons conseils.
Prenez enfin celui de votre aorte,
de votre peau et de votre poumon:
ils ont le droit de décider
si le moment est bien choisi
de croire en Dieu.»

. . .

God says:
"It's an emergency;
I was wondering
what was the use
of my oddest creatures:
the dragon, the angel and the unicorn.
I summoned all those in whom I believed,
because they were real, powerful, trustworthy;
the fig tree, the plough horse,
the mountain by the sea.
They held over ten meetings
but came to no agreement.
So, I kept the dragon, the angel and the unicorn,
but to avoid a few misunderstandings,
I decided to make them invisible."

.   .   .

"I wouldn't dare," says God,
"commit you to believing in me.
For a serious opinion,
apply to the dew,
the weasel, the little south wind:
maybe yes, maybe no, maybe maybe.
I also think the pebble,
the peninsula and the dawn
might usefully advise you.
Listen as well to your arteries,
your skin and your lung:
they have the right to decide
if this is the right time
to believe in God."

.   .   .

«L'autre jour, je longeais un ruisseau»,
dit Dieu, «il avait tout pour plaire,
et je n'ai eu que des éloges
à son endroit, puisque je suis son inventeur.
Aventureux, taquin, il dansait sur les rocs:
un cours d'eau très habile.
Pourtant, je lui ai donné l'ordre
de s'arrêter,
puis de rentrer bredouille dans sa source.
Il est mort, le ruisseau,
comme je l'ai voulu: un dieu s'arroge
le droit d'être cruel,
sans donner ses raisons.»

    . . .

«Je suis le Président-Directeur Général
de l'univers», dit Dieu,
«une entreprise
que je souhaite plus rentable.
Le moindre travailleur, coccinelle ou taureau,
y a droit au soleil,
à la musique, au vague à l'âme.
Je n'exclus pas les apprentis,
comme la source du ruisseau
ou le bourgeon de la pivoine.
Même les retraités,
l'étoile veuve et la très vieille lune
doivent connaître le bonheur.
Je leur rendrai visite, un de ces jours:
ensemble, soyons productifs.»

    . . .

"The other day, I was walking
by a brook," says God,
"it was most pleasant and I could only praise it,
being its creator. Playfully
it danced on the rocks,
a clever brook indeed.
Nevertheless I ordered it
to stop and return
to its source.
It died, this brook,
as I wanted: a god
has the right to be cruel,
without giving his reasons."

            .   .   .

"I'm the Chairman of the Board
of this universe," says God,
"a corporation
I want to be more profitable.
Each worker, whether ladybug or bull,
is entitled to some sunshine,
some music, some nostalgia.
I wouldn't exclude the apprentices,
such as the brook's source
or the bud of a peony.
Even the pensioners,
the widowed star or the ancient moon,
are entitled to some happiness.
I'll call on them, one of these days:
together let's be more productive."

            .   .   .

«J'étais assis dans mes ténèbres»,
   dit Dieu, «lorsque j'ai vu surgir,
   de son pas lent et décidé,
   l'arbre du voyageur.
   Sans réagir à mon salut,
   il s'est planté devant mon seuil.
   Je le contemple:
   il est beau, il est noble
   et se contente
   d'agiter une feuille
   en accueillant un oiseau bleu, un oiseau rouge.
   L'arbre du voyageur,
   je le soupçonne d'être un dieu plus efficace
   que moi.»

                 .   .   .

«Je ne veux pas être un fardeau pour le croyant»,
   dit Dieu, «il suffit qu'on me parle
   comme à la pomme, à l'araignée du soir,
   au réverbère dans la rue.
   Je ne suis pas méchant car on peut me charmer
   par trois mesures de musique
   et un sourire au bout de l'âme.
   J'aime aussi qu'on m'envoie
   une carte postale avec un bord de mer
   ou des rimes vieillottes.»
   Dieu dit:
«Je veux être un fardeau pour l'incroyant.»

                 .   .   .

"I was sitting in the dark,"
says God, "when I saw coming,
slowly and surely,
the traveler's tree.
Without answering my welcome,
it took root in front of my home.
Here it is,
superb, noble,
waving a leaf to greet a bird
that's either red or blue.
This traveler's tree,
I suspect it of being a more efficient god
than myself."

    . . .

"I don't want to be a burden for the believer,"
says God, "you need only talk to me
as you talk to the apple, to the spider,
to the lamppost on the street.
I'm not wicked, you can charm me
with three or four bars of music
or a smile on your soul.
I also like to receive
postcards with a beach
or some old-fashioned doggerel."
God says:
"I want to be a burden for the unbeliever."

    . . .

«L'homme», dit Dieu, «voudrait que je sois homme,
et la pierre caillou,
et le sapin racine,
et le quartier de lune étoile.
Ils ont raison car je suis leur ami,
crinière avec le vieux cheval,
écume sous la mer,
jouet pour les licornes
qui se sentent trop seules.
Et ils ont tort d'ignorer ma nature
qui me fait différent
de la matière et de l'esprit:
un dieu qui se condamne
à ne jamais comprendre
ce qu'est un dieu.»

· · ·

Dieu dit:
«Je ne peux pas parler de Dieu
à l'homme
car il pense que Dieu
dépend de son humeur,
de son esprit ou de son désespoir.
Comme je l'aime,
je me veux raisonnable;
or, c'est par les scrupules
que se perdent les dieux.»

· · ·

"Man," says God, "wants me to be a man,
and the stone wants me to be a pebble,
and the pine, a root,
and the moon, a star.
They are right for I am their friend,
a mane for the horse,
foam for the sea,
a toy for the unicorns
that feel too lonely.
They are wrong to misunderstand
my nature, which makes me different
from matter and spirit:
a god who sentences himself
always to ignore
what makes a god."

.   .   .

God says:
"I cannot speak of God
with man
for he believes that God
depends on his own mood,
his thought or his despair.
Because I love him,
I wish to be reasonable,
but gods are all doomed
by their own scruples."

.   .   .

Apporte-nous la pluie,
Dieu que nous vénérons.
Accorde-nous
l'innocence et la paix,
Dieu que nous bénissons.
Donne-nous, s'il te plait, l'enfant
et le blé qui s'agitent,
Dieu qui es le seul dieu.
Prête-nous, pour ta gloire,
la certitude et la clarté,
Dieu que nous imitons.
Mais Dieu murmure:
«L'amour ne suffit pas,
et la prière est un mensonge:
soyez vous-mêmes
des dieux.»

.   .   .

J'ai présidé le concile des dieux,
disant à l'un:
"Prends soin de l'horizon, il souffre";
à l'autre:
"Trouve à l'étoile un domicile fixe";
au troisième: "Remets de l'ordre dans le temps
car l'hiver cherche noise à tes autres saisons";
au quatrième:
"Fais un effort pour mieux comprendre le cheval,
le feu, le fleuve et l'océan."
J'ai donné la parole à tous les dieux,
qui pourtant se sont tus.
Je dois améliorer mon âme.

.   .   .

Bring us rain,
God whom we worship.
Grant us innocence and peace,
God whom we bless.
Give us, please, the child
and the waving cornfield,
God who is the only god.
Lend us, for the sake of your glory,
strength and light,
God whom we imitate.
But God whispers:
"Love is not enough
and prayer is a lie:
you too should become
gods in turn."

. . .

I chaired the council of the gods,
telling one of them:
"Take care of the ailing horizon,"
and another:
"Find a home for the wandering star,"
and a third one: "Straighten out time
because winter seeks to disrupt all your seasons";
and a fourth one:
"Try to come to a better understanding
of the horse, the fire, the river, the ocean."
I let all the other gods speak,
but they kept silent.
I must improve my soul.

. . .

«Est-ce moi qui te crée»,
  dit Dieu,
«ou toi qui prétends m'inventer?
  Aucun de nous ne peut vivre sans l'autre.
  Moi, je m'incarne en toi,
  peau et squelette;
  et toi, tu te surpasses
  dans le peu que je suis: néant, amour et absolu.
  Tu considères
  l'humanité comme une erreur,
  et moi, je ne suis pas content
  de mon état divin.
  Séparons-nous:
  quand on est dieu ou homme,
  mieux vaut demeurer incompris.»

          .   .   .

«Dieu supérieur», dit Dieu,
«délivre-moi de l'homme!
  Je l'ai créé par jeu et par ennui,
  l'investissant d'un songe:
  il est mon créateur,
  dans son petit cerveau.
  À présent, il m'insulte
  et va jusqu'à me préférer
  des fables, des légendes,
  mille sornettes.
  Dieu supérieur,
  je ne puis plus supporter ce désordre:
  supprime-nous, moi comme lui.
  Oublie cet incident
  pour me ressusciter un jour, plus libre.»

          .   .   .

"Is it I who creates you,"
says God,
"or you who claim to invent me?
Neither of us can live without the other.
I am embodied in you,
skin and skeleton;
and you surpass yourself
in the little that I am: nothingness, love, the absolute.
You consider humanity as an error
and I'm not happy
with my divine condition.
Let us part:
for God or man,
it's wiser to remain misunderstood."

    . . .

"Greater God," says God,
"deliver me from man!
I have created him out of boredom,
bestowing a dream on the fellow:
he believes he is my creator,
in his little brain.
Now, he insults me
and indulges in fables,
legends and lies about me.
Greater God,
I cannot bear this chaos:
do exterminate the both of us.
Forget this mishap
and revive me all over, one day, in freedom."

    . . .

«Si le mot *dieu* vous donne l'urticaire»,
 dit Dieu,
«appelez-moi *albâtre, hirondelle* ou *ruisseau:*
 je saurai qu'il s'agit de moi.
 Si le mot *dieu* vous rend malades,
 inventez-en un autre,
 qui ressemble à *rosée,* à *soupir doux*
 et même à *terrible néant*
 car plus rien ne m'offusque:
 dans mon lexique tous les mots sont synonymes.»

         .   .   .

«Je suis», dit Dieu, «ce qui est juste
 et à la fois injuste.
 Je suis la vérité qui se veut fausse.
 Me définir appartient au poète,
 sur une page vide
 où tout est défendu.»

         .   .   .

«La pomme et le poème»,
 dit Dieu,
«le livre et l'araignée,
 le cygne qui navigue autour du lac,
 le verbe trop profond,
 le velours de l'écorce,
 le cerf-volant là-haut sur la colline,
 le journal qui annonce une révolte
 sans savoir chez quel peuple,
 l'éternité que l'on savoure entre deux lèvres,
 et la vie, et la vie
 que je ne comprends pas...»

         .   .   .

"If the word *god* gives you goose pimples,"
says God,
"call me *alabaster, swallow* or *brook:*
I'll know you mean me.
If the word *god* makes you sick,
invent another word
like *dew, sweet sigh*
or even *dreadful abyss,*
for no expression can offend me:
in my dictionary all words are synonymous."

. . .

"I am," says God, "what is both
just and unjust.
I'm truth that claims to be a lie.
To define me is the poet's task
on an empty page
where everything is forbidden."

. . .

"The apple and the poem,"
says God,
"the book and the spider,
the swan that sails around the lake,
the deepest word,
the velvet of the bark,
the kite up there above the hill,
the newspaper that announces a riot
but fails to say where,
eternity enjoyed between two lips,
and life, and life
that I cannot understand..."

. . .

L'araignée pourrait dire:
«Dieu s'est pris dans ma toile;
   est-ce une épreuve?»
   La pierre pourrait dire:
«Dieu s'est fait marbre,
   mais je le sais moins dur que moi.
   Le volcan pourrait dire:
«Dieu me défie: est-ce pour comparer
   nos altitudes?»
   Le verbe pourrait dire:
«Quand Dieu chante à ma place,
   je suis heureux de n'être plus le verbe.»
   Et Dieu pourrait-il dire:
«Je suis ce qui dans Dieu s'interroge sur Dieu»?

                .   .   .

«Le jour se lève sur un monde
   que je n'ai pas créé», dit Dieu.
«Je vois un catalpa galopant dans la plaine,
   suivi d'un animal très doux,
   peut-être une licorne inachevée.
   J'entends les pierres qui échangent
   une musique chaude
   et la mer siffloter devant une comète
   venue lui rendre hommage.
   Des enfants jouent
   et d'autres semblent méditer sur mon destin.
   Ce paradis, où je suis un intrus,
   est-il plus convaincant,
   en somme, que le mien?»

                .   .   .

The spider might say:
"God was caught in my web;
   is it a trial?"
The stone might say:
"God became marble,
   but I know he is not as hard as I."
The volcano might say:
"God challenges me:
   is it to compare
   our respective heights?"
Speech might say:
"When God sings, in my stead
   I'm glad that I'm no longer speech."
And might not God say:
"I am what in God questions God?"

          .   .   .

"The sun rises upon a world
   I have not created", says God.
"I see a birch tree galloping in the field,
   followed by a very gentle animal,
   perhaps some unfinished unicorn.
   I hear stones
   exchanging warm music
   and the sea whistling
   to welcome a comet,
   that's come to pay its respects.
   Children play
   and others seem to ponder upon my fate.
   Is this paradise, where I am an intruder,
   more convincing,
   after all, than mine?"

          .   .   .

«Je descends au village»,
   dit Dieu, «pour me sentir plus proche
   de ceux qui veulent croire en moi.
   Au pâtre je promets une laine plus blanche
   et au poirier des poires plus juteuses.
   Je porte mes sabots,
   mon pull-over, mon béret basque.
   Je bois à la fontaine
   mais je refuse de conduire
   les enfants à l'école:
   l'excès de zèle est un péché.
   Je ne salue personne
   et fais semblant de passer par erreur.
   Quelques vieillards prétendent
   m'entraîner à l'église:
   je ne peux pas m'agenouiller devant moi-même!
   On me respecte et j'en suis très heureux.
   Ce soir, j'irai dormir
   chez ma comète bien-aimée.

                 .   .   .

   Dieu réprimande son poète:
«J'attends toujours ton hymne à ma grandeur
   et ton ode à ma gloire;
   je ne t'inspire plus?»
   Le poète s'esquive:
   une syllabe le tracasse,
   un verbe émigre au loin,
   le sens d'un mot l'empêche de dormir.
   Dieu dit: «Je te donne vingt jours
   pour convaincre le peuple
   de mon éternité.»
«C'est inutile», répond le poète,
«je suis le dieu qui te remplace;
   j'ai même écrit une satire
   pour expliquer pourquoi
   tu ne peux plus être divin.»

                 .   .   .

"I'm going down to the village,"
says God, "to feel closer
to those who still want to believe in me.
I promise whiter wool to the shepherd
and juicier pears to the pear tree.
I'm wearing my wooden clogs,
my sweater and my cap.
I drink water from the fountain
but refuse to take the children
to school:
being a zealot is a sin.
I greet nobody
and pretend I'm passing by mistake.
A few old men
want to drag me to the church,
but I cannot kneel in front of myself!
I'm respected, which makes me happy.
Tonight I'll sleep
with my beloved comet."

     . . .

God scolds his poet:
"I'm still awaiting your hymn to my greatness
and your ode to my glory;
don't I inspire you?"
The poet remains aloof,
worried by a syllable,
a verb that has wandered off,
the meaning of a word that keeps him awake.
God says: "You still have thirty days
to convince the crowds
of my eternity."
"It's useless," replies the poet,
"I am the god who replaces you;
I've even written a satire
to explain why
you can no longer be divine."

     . . .

Dieu dit: «Je ressentais comme un vent frais dans l'âme;
j'étais très sûr de moi,
et même le chaos me semblait amical.
Entre l'être hésitant et le non-être,
ce soir-là le conflit avait cessé.
J'ai deviné, d'une façon,
que le temps allait naître de l'espace,
et celui-ci de celui-là, dans la douceur.
J'ai réfléchi que l'inconnu
gagnerait à se faire connaître
ou que l'indéfini
pourrait enfin se définir.
Soudain j'ai eu, sans honte, le courage
de créer l'univers.»

     · · ·

«Quand je veux prendre forme»,
dit Dieu, «je n'ai que l'embarras du choix:
je puis être le chêne ou bien le tigre.
Je puis me faire fleuve ou horizon.
Parfois, subtil, je me change en idée,
en frisson, en bonheur,
ou, malicieux, en licorne broutant les roses.»
«Quand je veux prendre forme»,
dit Dieu, «je n'ai jamais de choix:
je deviens dans un livre, au milieu de la page,
un mot très sec.»

     · · ·

God says: "I felt like a fresh wind in my soul;
I was quite sure of myself,
and even chaos seemed friendly.
Between being and no-being
all conflict had ceased, that evening.
I somehow guessed
that time would be born from space,
and the latter from the former, with ease.
I thought that the unknown
should more wisely become knowledgeable,
and the indefinite
should at last define itself.
Suddenly, without shame, I had the courage
to create the universe."

     .   .   .

"When I want to take shape,"
says God, "I have a spate of choices:
I can be oak or tiger,
I can become brook or sky.
Sometimes, I'm more subtle and become
an idea, a thrill, a bliss,
or else, in a malicious mood, an unicorn eating roses."
"When I want to take shape,"
says God, "I have no choice:
in the middle of a page, whatever the book,
I become the dullest word."

     .   .   .

«Tu crois», dit Dieu, «que Dieu est sans souffrance?
Il te parait serein et très maître de lui:
il détient le pouvoir, je te l'accorde,
mais n'a personne pour le critiquer.
Tu crois que son éternité, il la supporte?
Sa propre mort et son suicide,
il ne les conçoit pas
car Dieu est imparfait.»

.   .   .

L'homme a chanté:
«Le tigre naît, le tigre saute,
le tigre meurt,
et toi, le dieu, tu vis, tu vis.»
L'homme a chanté:
«La rose s'ouvre et se referme et tombe,
mais toi, le dieu, tu vis, tu vis.»
L'homme a chanté:
«Le fleuve coule,
le fleuve bout, le fleuve est sec,
et toi, le dieu, tu vis, tu vis.»
L'homme a chanté:
«Le verbe est juste,
le verbe est vieux puis le verbe se perd,
et toi, le dieu, tu vis, tu vis.»
Le dieu a décidé que l'homme, ayant raison,
devrait mourir.

.   .   .

"You think," says God, "that God doesn't suffer?
He seems serene and sure of himself:
he has the power, I grant you,
but no one dares criticize him.
You think he can bear his eternity?
He cannot conceive
his own death nor his suicide,
for God is not perfect."

.   .   .

Man sang:
"The tiger is born, the tiger leaps,
the tiger vanishes,
but you, oh God, you keep on living and living."
Man sang:
"The rose blossoms and withers,
but you, oh God, you keep on living and living."
Man sang:
"The river flows, the river runs dry,
but you, oh God, you keep on living and living."
Man sang:
"The word is fit;
the word grows old but then gets lost,
but you, oh God, you keep on living and living."
The god decided that man was right
and should therefore die.

.   .   .

«J'ai mis en toi», dit Dieu, «la viande et le soupir,
le gouffre et la montagne,
l'absolu et le doute.
J'ai mis en toi le colibri du songe
et le gros bœuf de la réalité.
J'ai mis en toi
le marbre de l'indifférence
et le sable mouvant du jeune amour.
J'ai mis en toi tout ce qui dans moi-même
me semble discutable; cette aurore,
ce brouillard, cette nuit.
J'ai mis en toi
mon indigence et ma futilité.
Maintenant, je t'ordonne
d'en être heureux.»

.   .   .

«Moi, j'ai créé la pomme»,
  dit Dieu,
«en même temps que le moustique,
l'albâtre, la presqu'île et le velours;
que de besognes, ce jour-là!
Je t'ai laissé le soin
de lui donner ce nom de *pomme,*
que je lis et relis.
À force de le prononcer,
je sens que naît mon amour pour ce fruit,
devenu sur le coup si savoureux!
Tu vois, le verbe articulé par l'homme
fait tant de bien à Dieu...
Si je n'y prends pas garde,
demain je songerais à devenir la pomme.»

.   .   .

"I put into you," says God, "the meat and the sigh,
the abyss and the mountain,
the absolute and the doubt.
I put into you the hummingbird of the dream
and the fat ox of reality.
I put into you
the marble of indifference
and the quicksand of young love.
I put into you all that in myself
is questionable: dawn,
fog, night.
I put into you
my poverty and my recklessness.
Now, I order you
to rejoice in them.

.   .   .

"I created the apple,"
says God,
"at the same time as the mosquito,
the marble, the peninsula and velvet:
so much work, that day!
I left it to you
to give it the name of *apple,*
that I read and read again.
I've pronounced it so often
that I'm developing, I feel, a liking for the fruit,
suddenly so tasty!
You see, the word uttered by man
is so useful to God...
If I don't watch myself,
tomorrow I shall want to become the apple."

.   .   .

Dieu dit:

«Je te délie de ta promesse: croire en moi.
Je suis un simple mot
comme *pain,* comme *bois,* comme *nuit.*
Je t'autorise à l'effacer
dans tous tes livres
et à ne plus le prononcer tout haut.
Je ne suis pas plus important
que la mouche qui vole entre deux roses
ou la virgule
qui tombe au bas d'un texte
mal rédigé.»

. . .

Dieu dit: «Pardonne-moi
si ton bonheur n'est pas heureux,
si ta sérénité n'est point sereine,
si ta vie ne vaut pas mille vies,
pardonne-moi tes doutes
qui devraient être mes tortures,
et tes indifférences
que j'aurais dû remplacer par l'espoir.
Je t'ai voulu ma seule idole
au-dessus des idoles,
pour tomber à genoux devant toi
car j'ai le privilège,
mon petit homme,
de te rendre sacré.»

. . .

God says:
"I free you from your promise: to believe in me.
I'm a mere word
like *bread,* like *wood,* like *night.*
I allow you to erase it
in all your books
and to stop pronouncing it aloud.
I'm no more important
than a fly that goes from rose to rose
or a comma
at the bottom
of a sloppy text."

    .   .   .

God says: "Forgive me
if your bliss is not blissful,
if your serenity is not serene,
if your life is not worth a thousand lives,
forgive me your doubts
which should be my own tortures,
and your boredoms and despairs
which I should have changed into hope.
I wanted you to be my only idol
above all idols,
so that I might kneel before you,
for I can enjoy the privilege,
my little man,
of making you sacred."

    .   .   .

L'homme se plaint:
«Tu m'as donné un corps
 plus petit que le corps de la montagne.
 Tu m'as donné une cervelle
 qui ne peut me comprendre.
 Tu m'as donné un cœur
 qui sert à ne pas m'accepter.
 Tu m'as donné des mots
 qui sont dans mon désordre un luxe.
 Tu m'as donné un dieu
 dont je ne sais s'il est moi-même ou toi.»

          .   .   .

Man complains:
"You gave me a body
smaller than the body of the mountain.
You gave me a brain
that fails to understand me.
You gave me a heart
that refuses to accept what I am.
You gave me words,
a mere luxury in the midst of my chaos.
You gave me a god,
and I don't know if he is you or myself."

. . .

«Si tu veux me parler», dit Dieu,
«traverse les faubourgs,
  et dans la vieille ville
  choisis l'auberge la plus pauvre.
  Tu me verras, pipe à la bouche,
  jeune vin devant moi.
  Tu me reconnaîtras: je suis quelconque et simple.
  Si tu hésites,
  adresse-toi au braconnier, au rétameur,
  au maréchal-ferrant:
  je suis en eux.
  Attable-toi: l'âme fermente
  comme une bière.
  Regarde aussi le mur, quoique suintant:
  je suis le mur.»

                .   .   .

  Dieu dit:
«À cette époque où l'homme est dégoûté de l'homme,
  où le ciel rampe entre les boues,
  où dans les crânes
  le doute a déposé ses œufs pourris,
  je ne vois pas comment
  on pourrait se passer d'un dieu.
  Je ne suis pas intéressé, je vous le jure,
  mais plutô un expert:
  sur la planète je peux rétablir
  un semblant d'harmonie, et je possède
  des références.
  Non, je n'ai pas changé de domicile:
  j'habite au fond de vous.»

                .   .   .

"If you wish to talk to me," says God,
go through the suburbs
into the oldest part of the city
and choose the shabbiest inn.
You will see me there, smoking my pipe
and with fresh wine on my table.
You'll recognize me; I'm very simple and ordinary.
If you hesitate to speak to me,
speak to the poacher, the tinner,
the blacksmith,
I'm in all of them.
Join me at my table: the soul
ferments like beer.
Look too at the wall even if it is dirty:
I'm the wall."

    .   .   .

God says:
"In this our age when man is disgusted with man,
and the sky wallows in mud,
and doubt has laid its rotten eggs
in every skull,
I can't see how you could do
without a god.
I'm not self-centred, I swear,
but only an expert:
on this planet I can reestablish
a sort of harmony,
and show excellent references.
No, I haven't moved:
I still live deep inside you."

    .   .   .

Dieu dit: «Moi qui suis toi,
toi qui n'es qu'une part de moi-même,
veux-tu que nous allions nous expliquer
par exercice et par hygiène?
Je suis un dieu au-delà de tes mots
et des matières
qui grouillent dans ton crâne.
Depuis que je t'ai mis au monde,
je ne suis plus certain de mon pouvoir
et deviens à mes yeux un étranger.
Écoute-moi: un dieu qui règne
par l'arrogance et par la dictature,
veut savoir ce qu'il faut penser de Dieu.»

   . . .

Dieu dit: «Je viens dîner ce soir en salopette,
avec le forgeron et le tanneur.
N'exhibez pas l'argenterie,
ni la nappe en dentelles.
Mon discours sera simple:
je vous démontrerai entre poire et fromage
que le vieux paradis a fait faillite,
que l'ame est morte de mort naturelle
et que l'éternité dure le temps
d'un hanneton sur une branche de lilas.
Vous me regarderez peut-être de travers,
en avalant votre armagnac,
mais si vous êtes accueillants,
je donnerai des ordres
pour qu'on vous laisse vivre un an de plus.»

   . . .

God says: "I who am you,
and you who are but a part of me,
why don't we try
to come to some kind of agreement
if only as an exercise and for our health?
I'm a god beyond your words
and whatever rots in your skull.
Ever since I created you,
I've felt unsure of my own power
and become a stranger to myself.
Listen: a god who rules
by arrogance and dictatorship
needs to know what one should think of God."

     .   .   .

God says: "Tonight I'll come to dinner wearing overalls
with the blacksmith and the tanner.
Don't display the silverware
nor the lace tablecloth.
My speech will be simple:
before the dessert I'll explain to you
that the old paradise went bankrupt,
that the soul has died a natural death,
and that eternity lasts no longer
than a mayfly on a twig of lilac.
Perhaps you'll look at me with suspicion
while sipping your brandy,
but if you're hospitable,
I'll give orders
for you to remain alive one more year."

     .   .   .

«Le dernier dieu», dit l'homme,
«je l'ai conduit chez moi.
   Il loge dans ma chambre à l'insu des voisins:
   il est d'accord pour que je le séquestre.
   Chaque matin, nous refaisons le monde:
   le langage d'abord, puis l'absolu,
   puis des choses très simples,
   le céleri, l'étoile,
   le printemps, l'araignée.
   Au retour du bureau,
   lorsque je rentre les mains vides,
   il me tend quelques roses,
   inventées pour moi seul, ou des proverbes
   dont le sens quelquefois m'échappe.
   Mon dieu se civilise,
   bien que trop tard: nourri, blanchi, entretenu,
   il ne saurait se plaindre.»

           .   .   .

«Pour croire, il faut saigner», dit Dieu,
«et que la plénitude arrache un œil,
   et que l'éternité soit un rat dans la gorge.
   Pour accéder à moi, l'âme doit se traîner
   comme un taureau, jusqu'à cet abattoir
   qu'est l'espérance.
   Pour être digne
   d'un absolu que tu ne connaîtras jamais,
   il faut naître et mourir,
   trois fois par jour, jusqu'à la volupté.»

           .   .   .

Man says: "I brought home
the last god.
He stays in my room
and agrees to remain unknown to the neighbors, confined.
Every morning, we rebuild the world:
speech first, then the absolute,
then simple things,
celery, stars,
spring, the spider.
When I return empty-handed
from the office,
he offers me a few roses
that he invented for my sake,
or proverbs that I don't always understand.
God is becoming civilized,
but too late: housed, fed and kept in clean linen,
he has no reason to complain."

    . . .

"To believe, one must bleed," says God,
"and let fulfillment tear out one eye,
while eternity is a rat in your throat.
To reach me, your soul must crawl
like a bull all the way down to hope,
which is but a slaughter-house.
To be worthy of an absolute that you'll never meet,
you must be born and die
three times a day, with sheer delight."

    . . .

«Je t'ai donné le verbe»,
  dit Dieu, «pour que tu saches
  me contredire:
  j'ai besoin d'un duel afin de m'affirmer.
  Hurle, fulmine, débats-toi.
  Écris mon nom
  car c'est ainsi qu'on me profane:
  tu peux changer de dieu,
  j'en prends le risque.
  Occupe-toi plutôt de tes voyelles,
  de tes consonnes,
  de tes diphtongues
  que les abeilles porteront
  dans un monde inconnu: ni le mien ni le tien.»

              .   .   .

  Dieu qui te veux multiple,
  tu as la chance
  de t'incarner dans l'homme:
  il t'imagine chaque jour
  sous des formes nouvelles.
  Tu es l'esprit devenu fleuve,
  tu es le dragon maternel,
  tu es le cri amoureux de l'aurore:
  tu es ce que ni toi ni lui,
  vous n'avez su prévoir.

              .   .   .

"I gave you speech," says God,
for you to be able
to contradict me:
I need a conflict in order to assert myself.
Howl, curse, fight.
Write my name
in such a way as to desecrate me:
I'll even accept the risk
of your changing gods.
But tend your vowels,
your consonants,
your diphthongs
that the bees will carry off
to an unknown world: neither yours nor mine."

.   .   .

God who wants to be multiple,
you are lucky
to be embodied in man
for every day he imagines you
in a new form.
You are spirit become river,
you are a motherly dragon,
you are the dawn's cry of love,
you are what neither he nor you
ever foresaw.

.   .   .

Dieu dit: «Repeins tes murs,
invite les cigognes
à s'installer chez toi,
salue les objets bien-aimés:
le lit, la table et l'azur domestique.
Ensuite, éloigne-toi:
la saison est venue où tu dois te quitter.
Tu le verras:
devenir Dieu n'est pas très difficile.
Tu mérites, je crois, d'être l'élu.»

    . . .

Tu es né avec moi, Seigneur:
tu es ma plèvre et mon poumon
car je le veux ainsi.
Lorsque je sors de moi,
tu es l'île lointaine,
l'azur que je ne peux toucher,
la nuit qui envoie des frissons
dans ma moelle épinière.
Tu es, Seigneur, le jardin aux délices,
la licorne étonnée,
l'âme qui tout à coup
donne au squelette une musique.
Nous sommes
un même corps, un même verbe, un même doute:
nous sommes la précarité.
Seigneur, c'est toi qui devrais m'appeler «Seigneur»
car tu me dois nos vies communes.
Tombe à genoux,
toi qui mourras avec ma mort.

    . . .

God says: "Paint your walls anew,
invite the storks to come
and nest in your home,
greet the beloved objects:
the bed, the table, the familiar sky.
Then go away:
the time has come for you to leave yourself.
You'll see:
to become God is not too hard.
You deserve, I think, to be chosen."

.   .   .

You were born with me, Lord:
you are my ribs and my lung,
because I say so.
When I come out of myself,
you become the distant isle,
the sky I cannot touch,
the night that sends shivers
down my spine.
You are, Lord, the garden of bliss,
the astonished unicorn,
the soul that suddenly
gives music to the skeleton.
We are one and the same body,
the same word, the same doubt:
we are what remains precarious.
Lord, you are the one who should call me "Lord"
for you owe me the life that we have in common.
Go down on your knees,
you who must die the day I die.

.   .   .

Dieu dit: «J'étais perplexe
et je ne croyais plus en moi.
J'ai demandé à la colombe:
"Peux-tu me dire qui est Dieu?"
Et elle à répondu: "Ce n'est pas moi."
Je me suis adressé à la pierre; elle a dit:
"Va ton chemin: ce n'est pas mon affaire."
J'ai demandé secours
à la bourrasque, au chêne, à l'océan:
ils se sont détournés
comme si ma requête était obscène.
Seul un homme m'a dit:
"Puisque Dieu n'ose plus être Dieu,
tant pis, je prends sa place."»

.   .   .

«Dans tes livres», dit Dieu,
«j'ai relu plusieurs fois
les récits de ma vie.
Tu es gentil, mais crois-tu que les mots
puissent traduire ma complexité?
Les paraboles
et les sous-entendus
ne seraient pas plus adéquats.
Il est dans ma nature
de n'avoir pas de nature précise:
je suis l'annonce de moi-même
et ce qui me dément.
N'en sois pas triste:
invente un autre dieu, mesquin comme tu es,
mais doux, mais généreux, mais fort aimable.
Allons d'abord brûler tes livres.»

.   .   .

God says: "I was puzzled
and had lost faith in myself.
I asked the dove:
'Who is God?'
It answered: 'Not me, for sure.'
I asked the stone; it said:
'Go away, I couldn't care less.'
I begged for help
from the storm, the oak, the ocean:
they all dismissed me
as if my request were obscene.
Only a man came along, saying:
'Since God no longer dares to be God,
I might as well take his place.'"

.   .   .

"In your books," says God,
"I read several tales
all about my life.
You are very kind, but do you really believe
that words can express my complexity?
Parables
and double meanings
wouldn't prove more adequate.
My nature
is to have no precise nature:
I am my own affirmation
and my own denial.
Don't feel sad:
invent another god, petty as only you can be,
but let him be sweeter, kinder, more amiable.
First, let us go and burn your books."

.   .   .

«Le réel, c'est très bien», dit Dieu:
«on le mange poivré;
  on s'en revêt, petite laine
  et chemise de soie.
  Moi, je vous offre quelque chose
  de plus divertissant:
  le songe et ce qui le détruit,
  l'absence qui devient plus chère
  que le monde trop vu.
  C'est difficile?
  Gardez votre réel: on le repeint,
  on le recolle, on le vend en sachets,
  savon en poudre
  et mort-aux-rats.»

              .   .   .

Dieu dit: «Je suis ta nourriture la plus saine,
  le blé, le vin et la palourde,
  l'agneau, le miel et la mûre sauvage.
  Pour me manger, lave-toi l'âme et les deux mains,
  mets tes plus beaux habits,
  et puis prends-moi entre tes lèvres.
  Il faut longtemps me mastiquer
  car mes saveurs sont si multiples!
  J'apporterai la force à tes poumons,
  à tes genoux
  et aux faubourgs de ton cerveau.
  Lorsque j'aurai alimenté ton cœur,
  je deviendrai ton sang.
  Je suis ta plus pure chimie.»

              .   .   .

"Reality is all very fine and large," says God:
"You can eat it highly seasoned
or wear it
like wool or silk.
But I offer you
something more entertaining:
the dream and what destroys it,
absence and what makes absence
more lovable than the all too visible world.
Does this sound difficult?
Stick to your reality: you can repaint it,
repackage it and sell it
as powdered detergent
or rat poison."

. . .

God says: "I am your healthiest food,
wheat, wine, clams,
lamb, honey, wild blackberries.
To eat me, you must wash your soul,
and your hands, put on your best suit
and take me between your lips.
You must chew me a long time
for my flavors are plentiful!
I'll bring strength to your lungs,
your knees
and the suburbs of your brain.
After feeding your heart,
I'll become your blood.
I'm your purest chemistry."

. . .

«Je me demande qui je suis»,
dit Dieu, «l'esprit, la chair ou ce qui dans la chair
se veut esprit;
la nuit, le jour ou ce qui dans le jour
éprouve pour la nuit trop de tendresse.
Peut-être suis-je un compromis
conclu par l'être et le non-être
aux dépens de moi-même:
le vide et le trop-plein du vide,
rien d'autre que mon nom,
une syllabe en sang
qu'on aurait tort de prononcer,
ou un verbe qui tue.
Je suis ta voyelle, musique;
je suis ta consonne, silence.»

            .   .   .

Dieu dit: «Je suis banal
comme un chien allongé devant ta porte.
Je fais partie des ustensiles de ménage,
et tu peux me parler avec des mots vulgaires.
Je vais jusqu'au jardin
où je découvre un oiseau mort,
puis je m'affaire autour de la cuisine,
entre l'oignon, la pomme et le vieux pain.
Je n'aime pas l'azur
et je m'ennuie tous les dimanches.
Quand je suis seul, je me répare avec des clous,
quitte à saigner des doigts.
Tu as raison: verse-moi un café.
Tous mes reproches, tu les entendras
à l'heure des chauves-souris.»

            .   .   .

"I wonder who I am,"
says God, "the spirit, the flesh or the part of the flesh
that claims to be spirit;
the night, the day or what by day
becomes infatuated with the night.
I'm perhaps a compromise
between being and no-being
and, at the expense of myself,
the void and its overflow,
nothing but my name,
a bleeding syllable
that no one should pronounce,
a verb that kills.
Music, I'm your vowel;
silence, I'm your consonant."

.   .   .

God says: "I'm as commonplace
as a dog lying by your door.
I am one of your household goods and chattels
and you may address me with ordinary words.
I walk to the garden
where I discover a dead bird,
then I busy myself in the kitchen,
with the onion, the apple and the stale bread.
I don't like the sky
and get bored on Sundays.
When alone, I try to repair myself
with a few tacks, even if I wound my fingers.
You're right: pour me some coffee.
You'll hear all my grudges
when the bats fly out into the dusk."

.   .   .

Dieu prononce l'éloge
d'un autre dieu
car il est en exil
au fond de soi, comme s'il habitait
une âme trop étroite,
un corps trop lourd.
Il choisit la croyance
qui ne ressemble pas
à celle qu'il inspire.
Il a besoin de réconfort,
lui qui a fait ce monde
dont il ne peut tirer
ni paix ni gloire.
Son Seigneur, quant à lui,
sera compréhensif et doux:
Dieu n'est qu'un pénitent.

· · ·

«Je n'ai pas droit aux rêveries:
je suis un dieu, je dois créer.
Je n'ai pas droit au simple amour:
je suis un dieu, je passe aux actes.
Je n'ai pas droit au mois de mai:
je suis un dieu, voici décembre.
Je n'ai pas droit à la musique:
je suis fracas, je suis rupture.
Et je n'ai pas le droit d'interroger
la banquise, l'azur ou l'océan
puisque j'en suis le responsable.
Je n'ai pas droit au dialogue:
je suis le dieu, et Dieu est seul.
Et le silence, y ai-je droit?
Je suis un dieu, je dois convaincre.
Et à ma mort, y ai-je droit?
Je dois être immortel: c'est mon destin.
Puisque je suis un dieu,
j'ai droit à la divinité
mais je ne sais laquelle.»

· · ·

God sings the praise
of another god
for he is exiled
in himself, as if he were living
in too narrow a soul
and too heavy a body.
He chooses a faith
that is quite unlike
the one that he inspires.
He needs solace,
having created this world
that grants him
no peace and no glory.
His own Lord, for that matter,
will be understanding and kind:
God is only a penitent.

. . .

"I'm not entitled to daydreaming:
I'm a god, I must create.
I'm not entitled to love:
I'm a god, I must act.
I'm not entitled to the month of May:
I'm a god, and it's now December.
I'm not entitled to music:
I'm all roar and rupture.
I have no right to question
the polar icecap, the sky, the ocean
since I created them.
I'm not entitled to a dialogue:
I'm God, and God is alone.
Am I entitled to silence?
I'm a god, I must be convincing.
And my own death, am I entitled to it?
I must be immortal: such is my fate.
Being a god,
I'm entitled to some divinity,
but I don't know which."

. . .

Dieu dit:
«Je ne descendrai pas à ton niveau
en demandant: "Qui suis-je?
Pourquoi m'a-t-on permis de naître?
Dois-je laisser les preuves
de mon passage et de ma volonté?"
Je ne t'imite pas en sanglotant:
"À quoi pourrait servir un dieu?
À qui doit-il répondre de ses choix?
Existe-t-il un dieu meilleur?"
Mais quelquefois je tremble.»

. . .

«Un jour où je doutais de moi», dit Dieu,
«je suis allé chez mon ami Shakespeare,
puis je me suis rendu
au domicile de Rembrandt,
qui se peignait couvert de rides.
Avant de retrouver mon royaume incertain,
j'ai salué l'enfant Mozart,
à qui j'ai apporté
un clavecin tout neuf.
Ces trois visites m'ont suffi
pour m'accepter un peu.»

. . .

God says:
"I shall not stoop to your level,
and ask: 'Who am I?
Why was I allowed to be born?
Must I leave proof
of my presence and my will?'
I don't imitate your whining:
'What can be the use of a god?
To whom is he responsible for his choices?
Is there a better god?
But sometimes I tremble."

.   .   .

"One day, when I had lost faith in myself,"
says God, "I went to see my friend Shakespeare,
then I also called
on Rembrandt, who was depicting himself
in a self-portrait all wrinkled.
Before I returned to my vague kingdom,
I greeted the child Mozart
and gave him
a brand new clavichord.
These three encounters sufficed
to make me accept myself for awhile."

.   .   .

Dieu dit:
«Je suis né d'un pollen,
 je suis né d'un chaos,
 je suis né d'une joie,
 je suis né d'une lutte,
 je suis né d'un soupir,
 je suis né sans naissance.»
Dieu dit:
«J'ai tous les droits;
 je vais choisir mon origine.»

   . . .

Dieu dit: «Moi je produis.
Je n'ai pas de conscience:
le bien, le mal, la joie ou le remords,
je veux les ignorer.
Moi je produis:
hommes, nuages, mimosa,
ruisseaux, renards, écume verte.
Plus tard mes créatures
feront le tri: ce qui est bon,
ce qui est déplorable,
ce qui mérite un examen.
Rocs, océans, vignes, chevaux,
tempêtes, colibris, étoiles, marbres:
moi je produis.»

   . . .

God says:
"I was born of pollen,
I was born of chaos,
I was born of a joy,
I was born of a struggle,
I was born of a sigh,
I was born without a birth."
God says:
"I can enjoy every right:
I'll choose my own origin."

    . . .

God says: "I produce.
I have no conscience:
good, evil, joy or regret,
I wish to ignore them.
I produce:
men, clouds, mimosas,
brooks, foxes, green foam.
Later, my creatures
can sort themselves out: what is fair,
what is deplorable,
what deserves to be examined.
Rocks, oceans, vines, horses,
storms, hummingbirds, stars, marble:
I produce."

    . . .

L'homme raconte:
«Sur ma balance, j'ai pesé mon corps:
cinquante et un kilos.
Puis j'ai pesé ma peine et mon angoisse:
quatre tonnes chacune.
Puis j'ai pesé mon âme:
une plume de coq.
Puis j'ai pesé mon verbe,
lourd au matin, absent le soir.
Enfin, j'ai pesé Dieu:
l'aiguille est restée à zéro.»
Et Dieu répond:
«Rien de grave car je suis ta balance.»

. . .

«Imaginé par toi», dit Dieu,
«c'est à mon tour d'imaginer
ce que tu devrais être.
Imaginé par moi,
il t'appartient d'imaginer
ce que je suis,
étant de n'être pas encore,
étant de n'être plus.
Homme, aujourd'hui unissons-nous:
tout est divin dans la nature humaine,
tout est humain dans Dieu.
Nous sommes la racine et le feuillage,
nous sommes l'île et l'océan,
nous sommes le silence et la musique,
Dieu de chair et de peau,
homme à jamais sorti de l'homme.»

. . .

Man says:
"On my scales I weighed my own body:
one hundred and nine pounds.
Then I weighed my sorrow and my anguish:
four tons each.
Then my soul:
hardly a downy feather.
Then my speech,
heavy at dawn, absent at dusk.
Lastly, I weighed God:
the scale remained at zero."
And God answers:
"Never mind, I'm your scales."

.   .   .

"Imagined by you," says God,
"it is my turn to imagine
what you might be.
Imagined by me,
it is up to you to imagine
what I am,
since I'm both not yet,
and also no longer.
Man, let us unite today:
everything is divine in human nature,
everything is human in God.
We are the root and the foliage,
we are the isle and the ocean,
we are both silence and music,
a God of flesh and skin,
a man forever estranged from man."

.   .   .

Dieu est le grand démon de Dieu:
seul et trois et dix mille;
ce qui dans l'être
refuse d'être;
ce qui dans le néant,
comme une libellule,
contredit le néant;
ce qui en Dieu est l'autre Dieu,
l'excuse et le défaut.
Dieu est ce qui n'existe pas
et qui pourtant s'impose,
musique d'une pierre,
orchidée qui prend feu.
Dieu est l'absence
devenue peau.
Dieu est l'intrus qui, malhonnête,
s'invite aux obsèques de Dieu.

           .   .   .

«Ce n'est pas moi», dit l'homme,
«qui dois t'offrir
  mes bijoux, mes richesses,
  mes verbes musicaux,
  car ton tour est venu, mon Dieu,
  de te mettre à genoux pour m'honorer.
Donne-moi les goyaves qui coulent,
les îles qui miaulent,
les esclaves très lisses
qui m'arrachent des cris de volupté.
Puisque je n'ai pas d'âme,
sois utile, mon Dieu,
à mes chairs, à mes ongles,
à mes muqueuses:
croire en moi est ta seule certitude.»

           .   .   .

God is his own great demon:
alone and three and ten thousand,
what in each being
refuses to be;
what in nothingness,
like a dragonfly
contradicts nothingness;
what in God is the other God,
the excuse and the flaw.
God is what does not exist
but still asserts itself,
the music of a stone,
the orchid that burns.
God is absence
become skin.
God is the dishonest interloper
who follows God's funeral.

.   .   .

"It is not I," says man,
"who should offer you
my jewels, my belongings,
my musical words.
Your turn has come, God,
to kneel before me and worship me.
Give me juicy guavas,
purring islands,
velvet-skinned slaves
to make me howl with rapture.
Since I have no soul,
be useful, God,
to my flesh, my nails
and my mucous membranes:
to believe in me is your only chance."

.   .   .

Je ne veux pas
me convertir à Dieu,
mais je me convertis
à l'arbre,
à l'oiseau vert,
à la rumeur du fleuve.
«C'est bien», dit Dieu,
«on te fera rosée.»

         .   .   .

Dis-moi pourquoi je vis.
Dis-moi pourquoi je pense.
Dis-moi pourquoi je meurs.
Et si tu me le dis,
c'est que tu es mon dieu.
Et si tu es mon dieu,
c'est que tu crois en moi,
de t'inventer tant de pouvoirs!
Dis-moi pourquoi je marche.
Dis-moi pourquoi je rêve.
Dis-moi pourquoi j'existe.
Et si tu gardes le silence,
c'est que je suis ton dieu.

         .   .   .

I do not want
to become a believer in God,
but instead a believer
in the tree,
in the green bird,
in the murmur of the brook.
"That will do," says God,
"we'll change you into dew."

. . .

Tell me why I live.
Tell me why I think.
Tell me why I die.
If you can tell me,
then you're my god.
If you're my god,
it's because you believe in me
for I grant you so many powers.
Tell me why I walk.
Tell me why I dream.
Tell me why I am.
But if you keep silent,
I'm your god.

. . .

Était-ce nécessaire,
ce corps fébrile,
cette âme lourde
et cet espoir au milieu des limaces?
Était-ce généreux,
cette étoile trop haute,
ce silex trop durable
et ce fleuve qui fuit?
Était-ce indispensable,
cette misère au cœur,
cet esprit comme un rat
et ce verbe ennemi de la parole?
Dieu dit: «Tu as raison:
l'homme est un risque
trop grand pour moi.»

              .   .   .

Deux divans face à face,
l'homme sur l'un
et Dieu sur l'autre.
Entre eux un livre,
couleur chair, couleur sang.
L'homme chuchote:
«C'est moi qui l'ai écrit»,
et Dieu répond:
«C'est moi qui l'ai dicté.»
Après un long silence,
le livre dit:
«Vous êtes nés de moi:
un homme, un dieu,
égaux et désobéissants.»
Il s'ouvre et les reprend en lui.
Deux divans face à face,
sans homme,
sans Dieu.

              .   .   .

Were they necessary,
this feverish body,
this heavy soul,
this hope among snails?
Were they kind,
this too distant star,
this pebble that's too hard,
this brook that's too fast?
Were they indispensable,
this despair in the heart,
this spirit like a rat,
this speech that hates words?
God says: "You are right:
man is too heavy a risk
for me."

.　.　.

Two couches.
Man on the one
and God on the other.
Between them a book,
the color of flesh and blood.
Man whispers:
"I wrote it."
God answers:
"I dictated it."
After a long silence.
The book says:
"You were born of me:
one man, one god,
equals and both disobedient."
The book opens up and takes them both back.
Two couches,
no man,
no god.

.　.　.

Puis je raconte:
«Un dieu a créé le poète
et le poète a créé Dieu.»
Puis je raconte:
«Dieu a créé le colibri,
Dieu a créé le séquoia.»
Je ne raconte pas la seule vérité:
l'oiseau et l'arbre ont créé Dieu.

. . .

Let me tell:
"A god created the poet
and the poet created God."
Let me tell:
"God created the swallow
and God created the sequoia."
I'm not telling the only truth:
the bird and the tree created God.

    .   .   .

ALAIN BOSQUET, born in 1919, studied at the University of Brussels, and after World War II, at the Sorbonne. He served until 1951 with the occupation forces in Berlin and then returned to Paris to take part in various literary activities. From 1956 to 1970 he was a visiting professor at several American universities and in 1960–61 he was professor of American literature at the Faculté des Lettres in Lyon. He has been a contributor to *Le Monde, Le Quotidien de Paris, Les Nouvelles littéraires,* and *Le Figaro,* a member of the Renaudot jury, and president of the Académie Mallarmé. He has published many collections of poems, novels, essays, anthologies and translations and has been awarded many prizes, including the Grand Prix de poésie of the French Academy in 1967 for *Quatre testaments et autres poèmes. Le tourment de Dieu, God's Torment,* has been published in Bulgarian, Catalan, Dutch, Hungarian, Italian, Portuguese, Romanian and Swedish. Finnish and Norwegian editions are being prepared.

EDOUARD RODITI, (1910–1991), was born in Paris of an American father and a British mother. For more than sixty years he has published poems, criticism, and memoirs in French and English. Alain Bosquet has called Roditi "a self-appointed ambassador of every possible culture to every possible other culture." Between 1929 and 1937 he lived in London, Paris, and Berlin; in Paris he was associated with Breton and the Surrealists; in Berlin, with Isherwood and Spender. In recent years he has been a visiting professor in the United States at San Francisco State, Brown University, and Bard College, and has completed two volumes of memoirs. Some of his translations of the prose poems of Léon-Paul Fargue first appeared (with the approval of James Joyce) in *Transition* in the 1920s.